ben folds
rockin' the suburbs

www.benfolds.com

ISBN 0-634-05165-2

HAL•LEONARD® CORPORATION
7777 W. BLUEMOUND RD. P.O. BOX 13819 MILWAUKEE, WI 53213

Visit Hal Leonard Online at
www.halleonard.com

annie waits

words and music by ben folds

Con brio ♩≒122

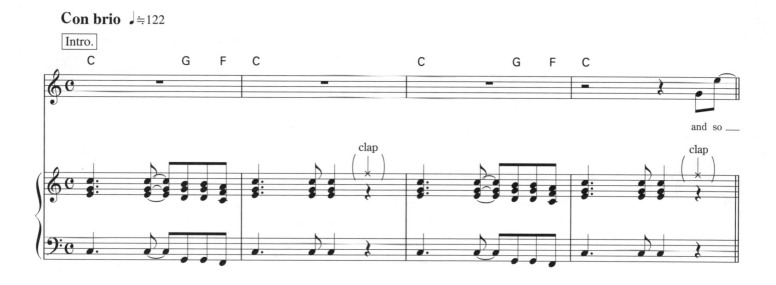

and so ___

1.3. ___   an-nie waits   an-nie waits   an-nie   waits   for   a call ___
2. ___   ne-ver stops   ne-ver stops   ne-ver   waits.   she's grow-ing old. ___

2.3.

and so ____ he for-got, he for-got (but) may-be
the same ____ it's the same, why's it al-ways the

not. may-be he's been se-ri-ous-ly ____ hurt. ____
same? an - nie waits ____

would that be worse? ____
as the last ____

head - lights crest the hill. ____ sha - dows pass her by ____
an - nie sees in dreams ____ fri - day bin - go,
head - lights crest the hill. ____ who will be the one ____
an - nie, I could be ____ if we're both still lone -

zak and sara

words and music by ben folds

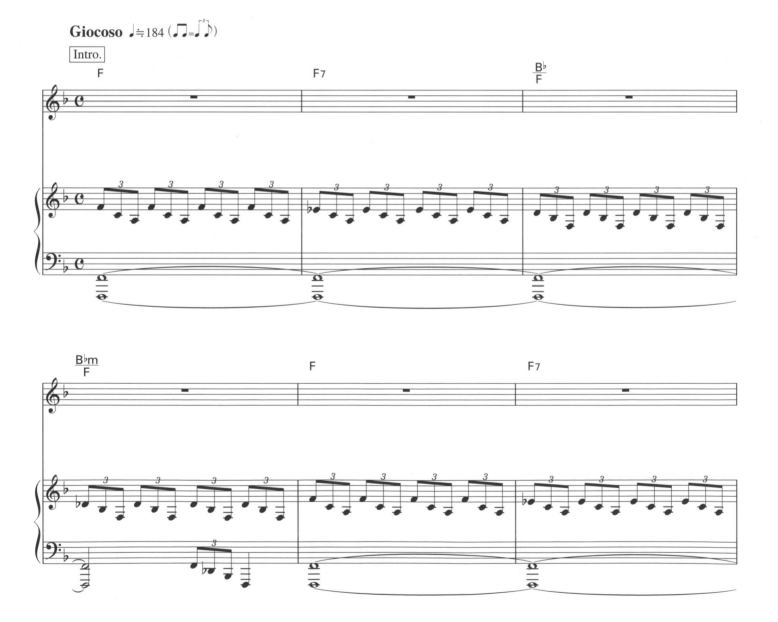

some new ___ gui - tars, ___ play - ing sa -
- ra with ___ no "h' - s" fav - 'rite song.___ la da
da da da da ___ da da da.
la da da da da da ___ da da

zak called his dad ____ a - bout lay - a - way plans. sa - ra told ____ ____ the friend - ly sales - man that ____ "you'll all die in your cars." ____ and "why's it got - ta be dark?" ____

2.

Gm7 ... C7

that make it pos - si - ble ___ for all ___ white boys to dance. ___

C7 ... Gm7

___ and when zak fi - nished sa - ra's song, ___

C7 ... Coda F

___ sa - ra clapped. ___ la ___ woo. ___

D.S.

F7 ... $\frac{B\flat}{F}$ ... $\frac{B\flat m}{F}$

woo. ___
la. ___

still fighting it

words and music by ben folds

the years ___ go on ___ and we're still figh-ting ___ it, we're still figh-ting it. { and you're ___ you'll try ___ and

so much ___ like me, ___ i'm sor -
and try ___ and one day ___ you'll fly ___

- ry.   good mor-ning son ___   twen - ty years ___ from now ___   may-be ___ we'll both ___

___ sit down ___ and have ___ a few ___ beers.   and i ___ can tell ___   you about ___ to-day ___

gone

words and music by ben folds

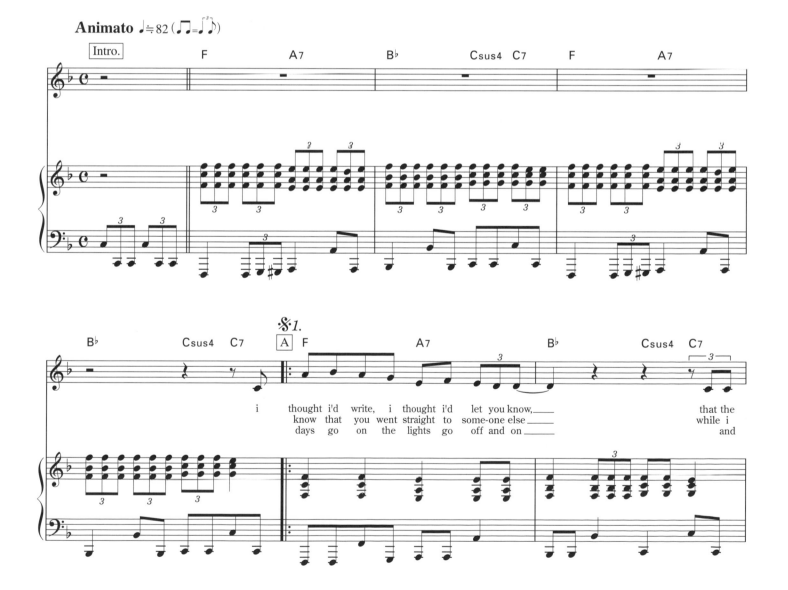

con - si - der you _____ gone. ____

i wake up _____ in the

fred jones part 2

words and music by ben folds

C

time. ____

D

(the) street -light it shines ____ through the shades ____   cast - ing lines ____ on the floor ____   and

lines   on his   face, ____   he re - flects ____   on   the day... ____

E

the ascent of stan

words and music by ben folds

once you wan-ted re - vo-lu { - tion, - tion, }

now you're the in - sti-tu - - tion. how's it feel to be

the man? it's no fun to be

the man.

da   da   da   da   da   da.   and

i   watched   it   all __ go   down. ___

the as-cent of __ stan __

it's no __ fun ___ to be ___

__ the man. ___

losing lisa

words and music by ben folds and frally hynes

black tears are fall -

- ing,   fall - ing,   ah.

carrying cathy

words and music by ben folds

not the same

words and music by ben folds

you were not   the same_____ af - ter that you've seen them } drop   like   fli - es from the
and you were not   the same_____ af - ter that. you see them

bright sun - ny skies,   they come knock - ing at your door   with this   look in their eyes.   you've got one_____

__ good   trick   and you're hang - ing on, you're hang-ing on _____

1.
to it.

2.
you

58

you're hang-ing on.

hiro's song

words and music by ben folds

my name is hi-ro i am fif-ty one. since nine-teen eight-y life has

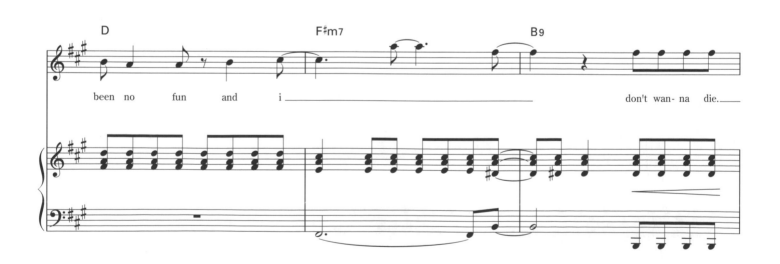

been no fun and i _____ don't wan-na die. _____

i left my fam-'ly for the se - cre - ta - ry. ah her,
(yeah.)

ah her, ah her, ah her,

her name is yu - ko, she is twen - ty - two.___ she and my daugh - ter were best
last night she dressed me up in hip hop pants,___ the phat g - style that rides be -

friends in high___ school. they say i'm cra - zy and it's tem - po - ra - ry but
- low your ass.___ she wants to show me to her mom and dad.___
so now she's gone and broke my heart, god - damn her.

63

to 𝄌 3.
2x
G D G
to 𝄌 1.
won't you let me, won't you let me ex-plode a ah. in a ka-ra-o-ke
2.
D
E G D
su-per-no-va. 'cause late-ly i can feel the years be-tween us,
A E G
and hope to god that friends at work don't see us. to-night she asked me if i'd
D E7
e-ver seen je-sus 'cause she had back-stage pass-es for three of us.
D.S. 1.

won't you let me, won't you let me ex - plode a ah in a ka - ra - o - ke

su - per - no - va.

rockin' the suburbs

words and music by ben folds

let me tell ya'll what it's like____ be-ing male, mid-dle class and white. ____

it's a bitch, if you don't be-lieve, ____ lis-ten up to my new c - d, ___ sham on.

2x (ya'll don't know what it's like

being male, middle class and white.   ya'll don't know what it's like   being male, middle class and white.)

i'm pissed off but i'm too po-lite___ when peo-ple break in the mc-do-nald's line.___

mom and dad you made me so up-tight___ (i'm) gon-na cuss on the mic to-night.___ i don't know how___ much i___ can___

___ take. girl, give me some-thing i___ can___ break. i'm rock-in' the su -

2.

___ my shit-ty tracks.___

74

fired

words and music by ben folds

ev - 'ry one of you is fired. _____

i'm just an or - di - na - ry guy _____

78

ev - 'ry one of you is   fired.___

the luckiest

words and music by ben folds